农村普法系列连环画

NONGCUN PUFA XILIE LIANHUANHUA

孙子的满月

龙 雷 著　　龙玮钰 绘

黄河出版传媒集团
阳 光 出 版 社

图书在版编目（CIP）数据

孙子的满月 / 龙雷编；龙玮钰绘. -- 银川：阳光出版社, 2017.10
（农村普法系列连环画）
ISBN 978-7-5525-3878-6

Ⅰ. ①孙… Ⅱ. ①龙… ②龙… Ⅲ. ①道路交通安全法－中国－通俗读物 Ⅳ. ①D922.14-49

中国版本图书馆CIP数据核字(2017)第252457号

农村普法系列连环画　孙子的满月　　龙雷　编　龙玮钰　绘

策　　划　那大庆　龙　雷
责任编辑　谢　瑞
封面设计　晨　皓
责任印制　岳建宁

黄河出版传媒集团 阳光出版社 出版发行

出 版 人　王杨宝
地　　址　宁夏银川市北京东路139号出版大厦（750001）
网　　址　http://www.ygchbs.com
网上书店　http://shop129132959.taobao.com
电子信箱　yangguangchubanshe@163.com
邮购电话　0951-5014139
经　　销　全国新华书店
印刷装订　宁夏凤鸣彩印广告有限公司
印刷委托书号　（宁）0006634

开　　本　880mm×1230mm 1/32
印　　张　1
字　　数　20千字
版　　次　2018年1月第1版
印　　次　2018年1月第1次印刷
书　　号　ISBN 978-7-5525-3878-6
定　　价　10.00元

清晨，金色的阳光照射在滨河大道边的党家河湾村，一排排整齐如一的红顶梁子新瓦房隐没在郁郁葱葱的白杨林中。庄子外头，绿油油的青纱帐衬着金色的稻田，一片丰收的景象。

庄子里头，五天前刚建好的乡村文化广场上，一群老年人伸胳膊扬腿地在跳广场舞。

住在庄西头的党生国老两口一大早就开始忙活，把院子里手扶拖拉机的旧轮胎滚到车棚里头，喂鸡的小盆子洗干净放到墙根，老党老伴又抡着扫帚把院子扫了两遍，那么大的院子，看不见一根柴棍棍。邻居都知道，老党家今天要给孙子做满月待客呢。

老党今年六十二岁了，年轻时候兄弟姊妹多，爹又去世得早，老党为养家糊口，东跑西颠。改革开放这些年，他勤劳致富，一家人日子越过越红火。

今年，老党家盖了新砖房，该置办的都置办齐了，喜事一个接一个地来，可谓是四喜临门。

一喜是儿媳妇给老党家生了个胖孙子，全家人高兴得不得了。

二喜是修建滨河大道时占了老党家的地，政府为失地农民办了社保，前两天老党老两口领到了第一个月的养老金。

三喜是小女儿毛丫大学毕业后又考上了特岗老师，现在已经上班了。

四喜是老两口参加了医保，以后住院看病费用能报销了。

这些天老两口想着遇到这么多好事也应该热闹热闹了，正好孙子八月初八满月了，就借此热闹热闹吧。于是给亲戚朋友打好了招呼。

请客的三天前老党就思谋盘算了起来。他请了东村的大厨老菜头掌勺，邻居马二的媳妇，王三的婆姨帮忙。什么牛羊肉，鸡鸭鱼，瓜子洋糖盖碗子，香蕉苹果枸杞子，吃的喝的要上档次，不能让客人笑话。

初八这天，老两口把院里院外、屋里屋外打扫收拾完，刚坐下喘了口气，就听见大门外有“嘣嘣”的声音，老两口出门一看，是儿媳妇娘家的亲戚坐着蹦蹦车来了，车里不仅挤着大人娃娃，还有一台双门电冰箱。

不一会儿，亲戚、朋友、邻居都到了，按大小辈分、长幼次序坐了足足十桌，只听得满院子的恭喜祝贺声。老党老两口儿笑的嘴都合不拢，挨桌子让吃让喝。

儿媳妇抱着憨睡中的孙子，轮流挨个地认长辈，亲戚们把一张张红色的百元钞票塞到孙子的小被窝中。

老党这几年家里也没有大事，今天给孙子做满月，亲戚都高兴得要多喝几杯。

农村讲究个客走主安，日色过午，熙熙攘攘的满月宴结束了，吃饱喝足的人们渐渐散去，老党在门口一一道别谢过。

老党看着亲家开的三轮蹦蹦车上满满地装了一车人，有站的，有坐的，便着急地说：“快下来，走几步路到村东头坐公交车去！”

开三轮蹦蹦的是儿子的挑担，对老党说：“没事，没事，我没喝多，清醒着呢！”

老党不放心地一直跟着出了庄子，远远望着三轮蹦蹦飞快地一转弯“咣当”一声不见了。老党一惊：“坏了，坏了……”慌三跌四地和儿子跑到下坡弯子一看，三轮蹦蹦四个轱辘朝天，十几个人东倒西歪地躺在地上直呻唤，哭的喊的，开车的躺在地上翻白眼。

不到十分钟，120 救护车从滨河大道飞奔而来，把受伤的亲戚们都拉到市医院急救中心。

十几个医保人员忙乎了大半天，幸好都没有生命危险，老党这才松了口气！

老党看着这些头上缠绷带、吊着胳膊、腿上打石膏的亲戚，心里头好像打翻了五味罐子，一场原本喜庆的事却弄成了这样子，唉！

手扶、三轮蹦蹦光种田，超载拉人出危险。遵守交规保安全，出了事故后悔晚。

《中华人民共和国道路交通安全法》关于行人和乘车人通行规定和机动车通行规定（节选）

第四章　道路通行规定

第一节　一般规定

第三十五条　机动车、非机动车实行右侧通行。

第三十六条　根据道路条件和通行需要，道路划分为机动车道、非机动车道和人行道的，机动车、非机动车、行人实行分道通行。没有划分机动车道、非机动车道和人行道的，机动车在道路中间通行，非机动车和行人在道路两侧通行。

第三十七条　道路划设专用车道的，在专用车道内，只准许规定的车辆通行，其他车辆不得进入专用车道内行驶。

第三十八条　车辆、行人应当按照交通信号通行；遇有交通警察现场指挥时，应当按照交通警察的指挥通行；在没有交通信号的道路上，应当在确保安全、畅通的原则下通行。

第三十九条　公安机关交通管理部门根据道路和交通流量的具体情况，可以对机动车、非机动车、行人采取疏导、限制通行、禁止通行等措施。遇有大型群众性活动、大范围施工等情况，需要采取限制交通的措施，或者作出与公众的道路交通活动直接有关的决定，应当提前向社会公告。

第四十条　遇有自然灾害、恶劣气象条件或者重大交通事故等严重影响交通安全的情形，采取其他措施难以保证交通安全时，公安机关交通管理部门可以实行交通管制。

第四十一条　有关道路通行的其他具体规定，由国务院规定。

第二节　机动车通行规定

第四十二条　机动车上道路行驶，不得超过限速标志标明的最高时速。在没有限速标志的路段，应当保持安全车速。

夜间行驶或者在容易发生危险的路段行驶，以及遇有沙尘、冰雹、雨、雪、雾、结冰等气象条件时，应当降低行驶速度。

第四十三条　同车道行驶的机动车，后车应当与前车保持足以采取紧急制动措施的安全距离。有下列情形之一的，不得超车：

（一）前车正在左转弯、掉头、超车的；

（二）与对面来车有会车可能的；

（三）前车为执行紧急任务的警车、消防车、救护车、工程救险车的；

（四）行经铁路道口、交叉路口、窄桥、弯道、陡坡、隧道、人行横道、市区交通流量大的路段等没有超车条件的。

第四十四条　机动车通过交叉路口，应当按照交通信号灯、交通标志、交通标线或者交通警察的指挥通过；通过没有交通信号灯、交通标志、交通标线或者交通警察指挥的交叉路口时，应当减速慢行，并让行人和优先通行的车辆先行。

第四十五条　机动车遇有前方车辆停车排队等候或者缓慢行驶时，不得借道超车或者占用对面车道，不得穿插等候的车辆。

在车道减少的路段、路口，或者在没有交通信号灯、交通标志、交通标线或者交通警察指挥的交叉路口遇到停车排队等候或者缓慢行驶时，机动车应当依次交替通行。

第四十六条　机动车通过铁路道口时，应当按照交通信号或者管理人员的指挥通行；没有交通信号或者管理人员的，应当减速或者停车，在确认安全后通过。

第四十七条　机动车行经人行横道时，应当减速行驶；遇行人正在通过人行横道，应当停车让行。

机动车行经没有交通信号的道路时，遇行人横过道路，应当避让。

第四十八条　机动车载物应当符合核定的载质量，严禁超载；载物的长、宽、高不得违反装载要求，不得遗洒、飘散载运物。

机动车运载超限的不可解体的物品，影响交通安全的，应当按照公安机关交通管理部门指定的时间、路线、速度行驶，悬挂明显标志。在公路上运载超限的不可解体的物品，并应当依照公路法的规定执行。

机动车载运爆炸物品、易燃易爆化学物品以及剧毒、放射性等危险物品，应当经公安机关批准后，按指定的时间、路线、速度行驶，悬挂警示标志并采取必要的安全措施。

第四十九条　机动车载人不得超过核定的人数，客运机动车不得违反规定载货。

第五十条　禁止货运机动车载客。

货运机动车需要附载作业人员的，应当设置保护作业人员的安全措施。

第五十一条　机动车行驶时，驾驶人、乘坐人员应当按规定使用安全带，摩托车驾驶人及乘坐人员应当按规定戴安全头盔。

第五十二条　机动车在道路上发生故障，需要停车排除故障时，驾驶人应当立即开启危险报警闪光灯，将机动车移至不妨碍交通的地方停放；难以移动的，应当持续开启危险报警闪光灯，并在来车方向设置警告标志等措施扩大示警距离，必要时迅速报警。

第五十三条　警车、消防车、救护车、工程救险车执行紧急任务时，可以使用警报器、标志灯具；在确保安全的前提下，不受行驶路线、行驶方向、行驶速度和信号灯的限制，其他车辆和行人应当让行。

警车、消防车、救护车、工程救险车非执行紧急任务时，不得使用警报器、标志灯具，不享有前款规定的道路优先通行权。

第五十四条　道路养护车辆、工程作业车进行作业时，在不影响过往车辆通行的前提下，其行驶路线和方向不受交通标志、标线限制，过往车辆和人员应当注意避让。

洒水车、清扫车等机动车应当按照安全作业标准作业；在不影响其他车辆通行的情况下，可以不受车辆分道行驶的限制，但是不得逆向行驶。

第五十五条　高速公路、大中城市中心城区内的道路，禁止拖拉机通行。其他禁止拖拉机通行的道路，由省、自治区、直辖市人民政府根据当地实际情况规定。

在允许拖拉机通行的道路上，拖拉机可以从事货运，但是不得用于载人。

第五十六条　机动车应当在规定地点停放。禁止在人行道上停放机动车；但是，依照本法第三十三条规定施划的停车泊位除外。

在道路上临时停车的，不得妨碍其他车辆和行人通行。

第四节　行人和乘车人通行规定

第六十一条　行人应当在人行道内行走，没信号和管理人员的，应当在确认无火车驶临后，迅速通过。

第六十六条　乘车人不得携带易燃易爆等危险物品，不得向车外抛洒物品，不得有影响驾驶人安全驾驶的行为。

第五节　高速公路的特别规定

第六十七条　行人、非机动车、拖拉机、轮式专用机械车、铰接式客车、全挂拖斗车以及其他设计最高时速低于七十公里的机动车，不得进入高速公路。高速公路限速标志标明的最高时速不得超过一百二十公里。

第六十八条　机动车在高速公路上发生故障时，应当依照本法第五十二条的有关规定办理；但是，警告标志应当设置在故障车来车方向一百五十米以外，车上人员应当迅速转移到右侧路肩上或者应急车道内，并且迅速报警。

机动车在高速公路上发生故障或者交通事故，无法正常行驶的，应当由救援车、清障车拖曳、牵引。

第六十九条　任何单位、个人不得在高速公路上拦截检查行驶的车辆，公安机关的人民警察依法执行紧急公务除外。